Les petites folies du jeudi

1re position au Palmarès
Communication-Jeunesse 2004
des livres préférés des jeunes
(catégorie 9-12 ans)

Grand Prix du livre
de la Montérégie 2004

De la même auteure

Chez Soulières éditeur :
Le champion du lundi, 1998
Le démon du mardi, 2000, Prix Boomerang 2001,
3e position au Palmarès de Communication-Jeunesse 2001
Le monstre du mercredi, 2001,
2e position au Palmarès de Communication-Jeunesse 2002
Lia et le secret des choses, 2002

Chez d'autres éditeurs :
La revanche du dragon, éd. Héritage, 1992
Un voyage de rêve, éd. Héritage, 1993
Les cartes ensorcelées, éd. Héritage, 1993
C'est pas tous les jours Noël, éd. Héritage, 1994
Mozarella, éd. Pierre Tisseyre, 1994
Mes parents sont fous, éd. Héritage, 1996
Fous d'amour, éd. Héritage, 1997
Le cadeau ensorcelé, éd. Héritage, 1997
La tête dans les nuages, éd. Héritage, 1997
La queue de l'espionne, éd. Héritage, 1999
L'école de fous, éd. Héritage, 1999
Le cercle maléfique, éd. Héritage, 1999
Sapristi, mon ouistiti, éd. Michel Quintin, 2000
Fou furieux !, éd. Héritage, 2000
Le pouvoir d'Émeraude, coll. Conquêtes, éd. Pierre Tisseyre, 2001
L'animal secret, éd. Michel Quintin, 2001
La sorcière vétérinaire, éd. Michel Quintin, 2002

Les petites folies du jeudi

un roman écrit et illustré par
Danielle Simard

SOULIÈRES ÉDITEUR

case postale 36563 — 598, rue Victoria
Saint-Lambert (Québec) J4P 3S8

Soulières éditeur remercie le Conseil des Arts du Canada et la SODEC de l'aide accordée à son programme de publication et reconnaît l'aide financière du gouvernement du Canada par l'entremise du Programme d'Aide au Développement de l'Industrie de l'Édition (PADIÉ) pour ses activités d'édition. Soulières éditeur bénéficie également du Programme de crédit d'impôt pour l'édition de livres – Gestion Sodec – du gouvernement du Québec.

Dépôt légal: 2003
Bibliothèque nationale du Canada
Bibliothèque nationale du Québec

Données de catalogage avant publication (Canada)

Simard, Danielle

Les petites folies du jeudi.
(Collection Ma petite vache a mal aux pattes ; 46)

Pour les jeunes de 6 à 9 ans.

ISBN 2-922225-85-2

I. Titre. II. Collection.

PS8587.I 287P47 2003 jC843' .54 C2002-941848-8
PS9587.I287 F47 2003
PZ23.S55Pc 2003

Conception graphique de la couverture:
Annie Pencrec'h

Logo de la collection:
Caroline Merola

ISBN-2-922225-85-2

58646

À Robert et Colombe,
le parrain et la marraine de Julien,
en espérant que vous lui donniez
un gros cadeau pour sa fête!

Chapitre 1

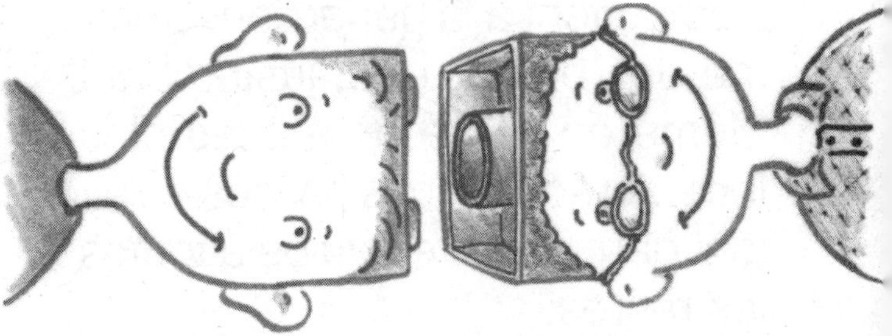

Les grandes déclarations

—Oui ! Là, ça devient plus que parfait.

Michaël a posé le dernier bloc. Maintenant, aucune base spatiale n'égale la nôtre dans l'Univers. Et pas seulement parce que mon ami possède des milliers de blocs Lego... Il y a autre chose.

—On est des as, déclare-t-il.

Il a raison. Nous deux réunis, tout nous réussit.

Nos têtes produisent des milliers et des milliers d'idées qui s'emboîtent à la perfection. Comme des blocs Lego, justement ! Même en sport, on est les plus forts. Au soccer, nos passes-éclair font gagner notre équipe à toutes les récrés.

— Julien, tu es l'ami de ma vie.

— Toi aussi.

Michaël rosit. Il semble hésiter, puis ajoute :

— J'aime seulement trois personnes plus que toi : ma mère, mon père et…

Ce ne peut être ni sa sœur ni son frère. Il n'en a pas. De plus en plus rouge, il se met à chuchoter :

— Pour te prouver mon amitié, je vais te dire mon secret. Je… je suis amoureux.

Il peut bien avoir un teint de homard bouilli !

—De qui ? Je la connais ?

Les lèvres collées à mon oreille, il souffle très très faiblement :

—Gabrielle, dans l'autre classe.

Moi, j'ai crié si fort qu'il a bondi un mètre plus loin.

—Qu'est-ce qui t'arrive ? s'étonne-t-il. Je n'ai pas dit que j'aimais Odile le crocodile ! As-tu quelque chose contre Gabrielle ?

—Non, non. Au... au contraire...

Me voilà aussi dans le club des homards bouillis. À mesure qu'il comprend, mon ami arrondit les yeux.

—Tu lui as dit ? finit-il par demander.

—J'ai failli, une fois, au cours de natation. J'ai manqué mon coup. Après, je n'ai plus eu le courage. Puis je pense qu'elle est la blonde de Samir. À moins que… Tu lui as dit, toi ?

—Es-tu fou ? Comment fait-on pour dire une chose pareille ?

La question vaut bien une minute de réflexion. Au bout de trente secondes, pourtant, nous nous sourions déjà.

— À nous deux, on est capables de tout. On va trouver le courage de déclarer notre amour à Gabrielle.

C'est Michaël qui parle, mais j'allais prononcer les mêmes mots.

— Ensuite, elle choisira, dis-je.

— Demain, à la récréation, on va la voir ensemble.

— Bonne idée !

— Pas de jalousie ?

— Pas de jalousie !

Chapitre 2

Amour, argent et chocolat

Aujourd'hui, les amis Lego ont vu Gabrielle ensemble. Sauf qu'ils ne lui ont déclaré ni leur amour ni quoi que ce soit. Pas plus à la récré du matin qu'à celle de l'après-midi.

Deux grenouilles qui s'efforcent de gonfler la poitrine à trois pas de leur belle !

Deux grenouilles sous-douées. Plus nous aspirions d'air, plus nous nous ratatinions. Voilà sans doute pourquoi Gabrielle ne semblait même pas nous apercevoir.

Au soccer, par contre, notre absence a été très remarquée. Après avoir perdu toute la journée, notre équipe voulait nous étriper.

Ces récrés ratées nous ont tout de même appris trois choses :

1. Deux dégonflés ne valent pas mieux qu'un.

2. L'amour n'a rien à voir avec la construction de bases spatiales.

3. Les récrés sont faites pour jouer.

En retournant à la maison, je suggère :

— Et si nous lui écrivions une lettre ? Gabrielle ne nous verrait pas rougir.

Michaël n'a pas l'air de m'écouter. Je suis son regard. Houa ! Le plus grand lapin en chocolat que j'aie jamais vu se dresse dans la vitrine de la pâtisserie *Becs sucrés*.

— Avec ça, l'affaire est dans le sac, déclare Michaël.

— Quelle affaire ?

—On l'offre à Gabrielle pour Pâques ! Pas besoin de dire un mot. Elle va comprendre tout de suite et l'école entière avec elle. Avec un cadeau pareil, c'est sûr qu'elle tombe en amour avec nous.

—Avec nous deux ?

—Ça se peut, dit Michaël. On lui demandera quand même de choisir. Dans le fond, je pourrais offrir tout seul ce lapin, mais j'accepte de l'acheter avec toi. Parce que tu es mon ami.

—Tu oublies juste un truc. Je ne peux rien acheter, moi. Je n'ai pas d'argent.

Monsieur Plein de sous, comme l'appelle maman, grogne. Il n'a jamais compris que je puisse survivre avec des poches vides. Selon lui, un humain a autant besoin d'argent qu'un poisson a besoin d'eau. Et le fait d'être un enfant n'y change rien.

— Tu diras à ta mère que les enfants aussi sont des humains ! s'écrie-t-il. Tu dois apprendre à dépenser, Julien. Tout le monde dépense, sauf toi !

— Ma mère ne pense qu'à économiser, pas à dépenser.

Clic ! Une petite lumière s'allume entre les deux oreilles de mon ami. Il pointe son index sur mon nez et s'exclame :

— Tu as trouvé le bon truc ! Si elle veut t'apprendre à écono-

miser, il faut qu'elle te donne de l'argent à économiser. Explique-lui !

Je soupire. Comment expliquer quelque chose à un bloc de béton ? Dans la tête de ma mère, il n'y a pas une seule petite ouverture pour une idée nouvelle ! Toute la place est prise par ses vieilles idées à elle.

Michaël me prend par les épaules.

—Cette fois-ci tu vas gagner ! Ton amour pour Gabrielle va te donner des forces surhumaines.

Je me dis souvent que mon ami est un peu fou. Il ouvre maintenant les bras vers le géant de chocolat et déclare :

— Vois-tu le pouvoir de ce lapin, Julien ? Cette magnifique bête peut régler à la fois ton problème d'amour ET ton problème d'argent !

Oui, il est un peu fou.

Chapitre 3

Les grandes négociations

— Tout le monde a de l'argent de poche, sauf moi !

Je prends mon air le plus sérieux. Maman, elle, sort son sourire en coin. Celui qui lui vient quand les paroles des autres rebondissent contre sa tête dure. Elle vide une louche de purée dans mon assiette tout en se moquant :

— Qui ça, TOUT le monde ? Ton nouvel ami qui reçoit autant

d'argent qu'il peut en couler par ses poches percées ? Et puis après ? Est-ce qu'il est plus heureux que toi, monsieur Plein de sous ?

Pas sûr… Mais Michaël a vu juste : mon amour pour Gabrielle me donne la force d'affronter enfin maman. Je riposte :

— En tout cas, il sait des choses que j'ignore. Moi, je ne peux même pas dire si j'ai les

poches percées ou non. On ne m'a jamais donné la chance d'apprendre à dépenser.

— Hon ! Pauvre garçon ! Veux-tu prendre des cours au dépanneur du coin ? Tu apprendras que l'école

de la dépense déborde d'appâts brillants. Et que c'est pour mieux t'attraper, mon petit poisson !

Elle lâche une nouvelle motte de purée, comme le point final à la discussion. Papa en est tout éclaboussé. L'œil mauvais, il nettoie sa chemise à la petite cuillère. Je me tourne vers lui pour lancer :

— Je veux être inscrit à l'école de l'économie. Pas de la dépense ! Je veux apprendre à mettre de l'argent de côté pour acheter des choses vraiment utiles. Éducatives, même !

Mon père semble vraiment impressionné. Par bonheur, il reste un peu de place pour les idées nouvelles, dans sa tête à lui. Ma sœur a cependant vu que j'ai marqué un point. Avant que papa ouvre la bouche, elle s'écrie :

— J'ai une allocation depuis seulement un an. Il faut que Julien attende encore deux ans. Sinon, ce n'est pas juste !

L'amour me donne du génie. Je cloue aussitôt le bec de cette peste :

— Les aînés servent de brouillon, tout le monde le sait. Ça évite aux parents de recommencer leurs erreurs avec les plus jeunes.

1
BEL EFFORT!
MAIS ON
PEUT FAIRE
MIEUX
2
PARFAIT!
INUTILE D'EN
FAIRE UN
TROISIÈME.

— J'ai une solution juste, dit papa : pendant deux ans, Julien sortira les ordures à ta place, Roxane. Et en échange, il aura une petite paye spéciale de 5 $. Tenez ! je vais la lui donner tous les jeudis, le jour de ma propre paye !

Je lui saute au cou. Roxane hausse les épaules pour bien montrer qu'elle a passé l'âge des enfantillages. Maman, par contre, reste paralysée. C'est elle qui prend les décisions, d'habitude.

Vite, elle se ressaisit pour avoir le dernier mot :

— D'accord, Julien, mais promets-moi de ne faire que des dépenses intelligentes. Pas de petite folies !

— Promis !

Vive l'amour ! Vive l'argent ! Vive le chocolat !

Chapitre 4

L'école de la dépense

Ma victoire a beau me paraître éclatante, elle n'épate pas du tout Michaël.

— Il reste deux jeudis avant les vacances de Pâques, calcule-t-il aussitôt. Tu n'auras alors que 10$ pour le cadeau de Gabrielle.

— Non, cinq ! Je ne mets qu'une seule allocation, pas deux. J'ai promis d'économiser. Promis, c'est promis !

— On va aller voir combien il coûte, ce lapin, ronchonne-t-il.

Le prix nous tombe dessus comme une bombe : 80 $!

Les chocolats à 10 $ sont minuscules. Pourtant, Michaël ne veut pas mettre un sou de plus que moi. « L'amitié a des limites », m'apprend-il. Par ma faute, donc, il faudra nous contenter d'un lapin bien ordinaire. Et notre amour paraîtra tout aussi ordinaire…

— À moins d'écrire en plus une lettre extraordinaire !

Michaël lève les yeux au ciel sans répondre. Il boude !

Il pensera ce qu'il voudra. Lorsque je reçois ma première paye, je suis aux anges.

Pas moyen d'oublier le billet de cinq dollars glissé dans ma poche de pantalon.

Aussitôt la classe finie, je cours à l'école de la dépense. Je ne vais pas dépenser. Non, non ! Je veux savoir comment on se sent quand on peut le faire. Disons que je vais inaugurer ma nouvelle vie.

Michaël n'assiste pas à l'événement. Le jeudi, il a un cours de judo. Tant mieux ! Monsieur Plein de sous ne rira pas de mes premiers pas.

Quelle curieuse sensation ! J'ai l'impression d'entendre les produits du dépanneur me crier : « Moi ! Moi ! Moi ! » Ils savent sans doute que je peux les adopter, maintenant.

Comment résister ?

Dans le fond, je n'ai pas promis à maman d'économiser toute mon allocation. Rien ne m'empêche de m'offrir cette bague en plastique, par exemple. Un beau bijou pour 69 cents ! Il faudrait être fou pour ne pas en profiter.

Et puis il y a ce petit taille-crayon. Plus besoin de se lever en classe, pour seulement 89 cents !

Non, pas de bonbons, ça carie les dents. Maman serait vraiment fâchée.

Mieux vaut un objet durable. Comme ce chaton porte-clés impossible à casser. Et tellement mignon. On dirait qu'il va miauler… Une œuvre d'art à 2,39 $, encore une aubaine !

Autour, ça crie toujours : « Moi ! Moi ! Moi ! ». Mais je me montre aussi fort que raisonnable. Je me rends à la caisse. Il y a de quoi être fier de mes premiers achats. Ni friandises ni trucs dispendieux. Que des dépenses intelligentes ! Je suis si énervé que je ne vois personne. Pas même le gorille à casquette qui m'attrape le bras et grogne :

—Hé, le petit morveux, y a une file !

—Hé, le gros morveux, les femmes et les enfants d'abord ! lui lance une mémé qui me pousse devant elle.

Je vide ma main sur le comptoir. Le caissier ne prend le temps d'admirer ni ma bague, ni mon taille-crayon, ni mon porte-clés. Il les enregistre comme si de rien n'était et annonce : 4,56 $.

Le cœur me tombe dans les talons, puis me saute à la tête et me bat dans les oreilles.

—Paye, ti-gars ! crie le gros morveux, par-dessus la mémé.

Le caissier me fusille du regard. Trop tard pour reculer. Je sors le précieux billet de ma poche bien chaude. Je le regarde disparaître dans le tiroir-caisse. Je prends les quelques pièces de monnaie et le petit sac brun qu'on me tend. La gorge serrée, je quitte l'école de la dépense. Je n'ai économisé que 44 cents sur ma première allocation.

Si maman savait ça !

Si Michaël savait ça !

J'ai préféré m'acheter trois babioles plutôt que d'offrir un plus beau cadeau à Gabrielle. Je suis le pire des fils, le pire des amis, le pire des amoureux !

Qu'est-ce qui m'a pris ? On dirait que mon cerveau dégèle tranquillement. Une fois chez moi, je comprends même que je ne pourrai jamais utiliser mes achats. Ici, maman les verrait tout de suite et serait furieuse. À l'école, Michaël comprendrait aussitôt ce que j'ai fait.

Honteux, j'enfouis mon trésor secret au fond d'un tiroir. Heureusement, il reste un autre jeudi avant les vacances de Pâques...

Chapitre 5

Pris au piège

Le lendemain de mes petites folies, j'ai dit à Michaël :

—Les vacances de Pâques commencent mercredi après-midi, dans deux semaines. On devrait acheter le chocolat la veille, non ? Notre cadeau sera peut-être petit, mais au moins il sera frais.

—Comme tu veux.

Ouf !

Le matin de ma deuxième paye, je ne glisse pas le 5$ dans ma poche. J'ai compris. Ma mère vient me rejoindre à l'école pour visiter l'exposition de livres. Il y a une librairie installée dans le gymnase et une auteure a rencontré notre classe aujourd'hui.

— Oh ! Regarde, maman ! C'est elle qui nous a parlé de ses livres.

L'auteure est assise derrière des piles de romans. Elle me sourit en brandissant son crayon. Maman m'entraîne aussitôt vers elle. Je ne sais pas du tout comment agir. Alors je prends un roman sur la première pile. Je fixe si intensément la couverture qu'elle s'embrouille.

— Tu aimerais l'avoir ? me demande maman.

Je n'en reviens pas. Ma mère veut m'acheter quelque chose,

même si ce n'est pas ma fête. L'auteure me prend le livre des mains. Elle me demande mon nom et se met à l'écrire sur la première page.

—Comme ça tombe bien ! se réjouit maman. Aujourd'hui, avec

tes deux petites payes spéciales, tu as justement le bon montant pour cet achat.

QUOI!!!

L'auteure signe maintenant son autographe. Je voudrais hurler que je n'en veux plus, de son livre. Mais je suis aussi pâle, mou et muet qu'un yogourt nature. À la maison, maman va me réclamer 10$ et je n'en ai que cinq.

Ma mère ne s'aperçoit de rien pour l'instant. Elle est trop occupée à raconter à la dame comment une bonne maman comme elle a un bon fils comme moi. Qui lit autant et patati et patata.

L'auteure me félicite. Maman m'oblige à lui dire merci. Puis elle va payer le livre que je devrai lui rembourser.

—Je suis bien contente, me dit-elle. Voilà la façon dont j'espérais te voir dépenser ton allocation.

MON allocation ou SON allocation ? Pourquoi faut-il toujours tout faire à SA façon ? Et pourquoi est-elle toujours aussi certaine que SA façon est la meilleure ? Elle ne pourrait pas nous laisser vivre un tout petit peu imparfaitement, des fois !

— Mets ton chapeau, attache ton col, il fait encore froid ! ordonne madame Parfaite quand nous quittons l'école.

Je devrais lui avouer la vérité, mais pas question. Je préférerais être englouti dans le trottoir.

Pas parce qu'elle serait fâchée. Non. Je me dis plutôt qu'elle serait trop contente d'avoir eu raison avec le dépanneur et le petit poisson. Plus on a l'air idiot et plus elle a l'air intelligent !

— Arrête de traîner les pieds ! me lance-t-elle. Si ça continue, on va arriver après papa.

Mais oui, papa ! Déjà, mon plan s'élabore.

Je dis à madame Parfaite de rentrer sans moi. Je vais attendre papa à l'arrêt d'autobus. Il y a longtemps que je n'ai pas fait ça.

Dès qu'il m'aperçoit, mon père a l'air tout heureux . Je le prends par la main et je dis :

— Il fallait que je te parle, entre hommes.

Je lui raconte tout. Enfin, presque. Gabrielle, l'achat du lapin avec Michaël, l'argent que je dois à maman. Je lui cache toutefois mes petites folies de jeudi dernier. Je prétends que j'ai déjà donné ma part pour le cadeau commun. Ce qui explique le 5 $ manquant.

Avec un sourire complice, papa me tend déjà la somme espérée.

— Ta paye de jeudi prochain, ça te va ?

— Ce sera notre secret entre hommes, hein ? Je ne veux pas que maman sache que je suis amoureux…

Il sert fort ma main dans la sienne et rit doucement.

Sauvé ! Mais seulement à moitié soulagé. D'un côté, j'ai réglé mon problème avec ma mère. De l'autre, j'en ai gagné un nouveau avec Michaël. Ma part du cadeau s'est envolée pour cette semaine ET la suivante. Cette semaine, je rembourse maman. La prochaine, je rembourse papa. Mon ami devra donc m'avancer l'argent, mardi prochain. Il devra aussi accepter de n'être remboursé que neuf jours plus tard. Sinon…

Chapitre 6

Les petites querelles

Dernier samedi avant les vacances de Pâques. Je suis chez Michaël pour écrire notre lettre extraordinaire à Gabrielle.

J'ai un peu menti. Je lui ai fait croire que maman m'avait obligé à dépenser 15 $ à l'exposition de livres. En bon ami, il a accepté de me prêter l'argent, mardi. N'empêche qu'il est très fâché. Trop fâché pour écrire la lettre correctement. Le voilà qui rature ma dernière phrase en maugréant :

—Je trouve ça idiot : « Gabrielle, tes cheveux ressemblent aux remous d'une rivière sombre. » Des cheveux, ça n'a rien à voir avec de l'eau.

Et il trace de sa grosse écriture : « Gabrielle, on trouve que tu as de beaux cheveux. »

Je lui arrache le crayon des mains.

— Ta phrase est super poche ! Dis-lui donc qu'elle a de beaux souliers, tant qu'à faire ! On a toujours comparé les cheveux avec l'eau, tu sauras. Ceux de Gabrielle font des vagues, en plus. Laisse-moi écrire. Je m'y connais davantage. Je lis, moi !

— On le sait bien ! Un gars qui dépense tout son argent en livres !

Sans répondre, je biffe sa phrase et j'écris : « Avec tes yeux couleur de chocolat, tu es notre reine de Pâques ».

— Arrête ! lance Michaël. On va avoir l'air de deux vrais fous !

— Fais-moi confiance. L'amour aussi, je connais ça mieux que toi. Mes parents ne sont pas divorcés, moi !

— Ils ne le sont pas encore, tu veux dire. Donne-moi mon crayon !

— As-tu peur que je le mange ? Tu m'énerves à la fin.

Ça ne sert à rien de continuer. En une demi-heure, on s'est juste entendus sur : « Chère Gabrielle ».

— Moi, je m'en vais !

Michaël ne dit rien pour me retenir. Je dois donc partir…

Tant pis pour lui !

Je rentre à la maison les poings serrés dans les poches. Il me semble que les choses ne peuvent pas aller plus mal. Je me trompe. Tout peut toujours empirer.

Dans ma chambre, je tombe nez à nez avec ma mère.

—Je suis en train de faire le ménage de tes tiroirs. Je vais donner tes vêtements trop petits à ton cousin Alex, me dit-elle sur le ton de : « Les mains en l'air ! Vous êtes en état d'arrestation ! »

Elle se tait quelques secondes, juste le temps de bien planter ses deux yeux dans les miens. Bien sûr, je ne peux pas supporter son regard. Ce qui est le pire des aveux.

—Où as-tu pris ces bêtises ? demande-t-elle en glissant sa paume ouverte sous mes yeux baissés.

J'y vois la bague, le taille-crayon et le porte-clés. Ma cervelle se montre aussi efficace qu'un grille-pain débranché. Il n'en sort pas plus de pain grillé que de réponse toute faite. Rien ! Il me semble même entendre un vent glacé souffler entre mes deux oreilles.

— Il ne s'agirait pas de ta première leçon à l'école de la dépense, par hasard ? avance-t-elle sur le ton de : « Ha ! ha ! j'avais tout prédit ! Je sais tout, moi ! »

L'index de sa main libre glisse sous mon menton. Il pousse ma tête vers l'arrière. Je ferme les yeux. Je suis perdu !

— Regarde-moi ! ordonne-t-elle. Où as-tu pris l'argent pour le livre ?

— Mmmm... de Michaël ?

— N'essaie pas de mentir, ça ne sert à rien.

Elle a raison. Ma mère lit dans les pensées et moi, je suis le plus sous-doué des menteurs. Aussi bien en finir au plus vite.

— C'est papa.

Maman tourne les talons et les fait claquer jusqu'au salon où se trouve papa.

Chapitre 7

Les grandes querelles

Maman parle très fort. À l'entendre, papa et moi aurions « comploté dans son dos ». Elle est « estomaquée ». Elle « tombe des nues ».

— Mon propre mari qui démolit mes efforts d'éducation ! s'écrie-t-elle enfin.

— Oh ! Ça va, madame Parfaite ! riposte papa. Ton fils m'a

seulement demandé 5 $. Parce que je peux comprendre les autres, moi ! Je ne suis pas toujours convaincu d'être le seul à avoir raison, moi ! Je n'oblige pas tous les autres à tout faire à MA façon, moi !

Papa dit exactement ce que je pense. J'ai même l'impression qu'il a puisé ses mots dans ma tête. Pourtant, je n'aime pas du tout ces mots-là dans sa bouche à LUI. Je n'aime pas qu'il parle à maman d'une voix si dure.

Elle lui répond sur une note très aiguë et tremblante :

— Ah ! Ils sont beaux tes résultats, Sylvain Potvin ! Julien devait apprendre à économiser. Et qu'a-t-il appris, grâce à son père si compréhensif ? Il a appris à s'endetter et à mentir à sa mère. C'est du joli ! Je suis déçue. DÉÇUE!

J'entends ses talons marteler le plancher vers ma chambre. Elle apparaît dans la porte, les larmes aux yeux et la bouche pincée. Elle balance mes petites folies par terre. Puis elle s'éloigne en criant :

— Tu peux dire adieu aux allocations, Julien Potvin !

Depuis hier, maman et papa ne se parlent plus. Je comprends maintenant l'expression « l'air est à couper au couteau ». C'est comme ça ici. Et je n'ai pas de couteau. Alors, j'étouffe.

J'ai jeté mes stupides folies. Une décision que j'aurais dû prendre dès le premier jour.

D'habitude on fait une sortie en famille, le dimanche après-midi. Pas aujourd'hui. Roxane devrait s'en montrer toute contente. Maman ne la forcera pas à nous suivre.

Eh bien, non ! Ma grande sœur a l'air triste, elle aussi. Pire ! Elle a l'air de m'en vouloir.

Mes parents vont-il se séparer par ma faute ?

Je décide d'aller trouver refuge chez Michaël. De toute façon, je dois lui annoncer les dernières nouvelles, concernant mon allocation.

—QUOI? Tu ne peux plus payer ta moitié du lapin ?

J'aurais même plutôt envie de fuir son regard furieux. Au bout d'un long silence, mon ami laisse tomber :

—Tant pis ! Je trouvais ça idiot, finalement, un cadeau à deux. Maintenant je vais pouvoir offrir un plus gros lapin. Et je n'aurai pas besoin d'écrire ta stupide lettre.

Sur ces mots, ça sonne à la porte.

—Mon père est arrivé ! s'écrie Michaël. Je vais au cinéma.

Il attrape son manteau et se sauve sans même me saluer. Planté dans sa chambre, j'attends qu'il revienne. Mais j'entends plutôt la porte d'entrée se refermer. Puis une portière. Puis une auto qui démarre.

Les lèvres tremblantes, je parviens à saluer la mère de Michaël et à quitter la maison. Dans la rue, je ne peux plus me retenir. Je cours chez moi en pleurant.

Maman me voit entrer. Elle me suit dans ma chambre. Quand je me jette sur mon lit, sa main atterrit dans mon dos.

Là, on dirait qu'elle appuie sur un bouton secret. Des portes invisibles s'ouvrent toutes grandes et mes mots s'en échappent.

Tout y passe : mon amour pour Gabrielle, le lapin, mes erreurs de calcul au dépanneur, mon demi-mensonge à papa pour le 5$, notre secret entre hommes et comment il ne l'a pas trahi... Maman demande :

—Pourquoi ne m'as-tu pas raconté ça avant ?

—Tu n'aurais pas compris.

—Moi, non, et papa, oui ?

On dirait qu'elle vient de saisir un truc, tout à coup. Un truc aussi important que surprenant. Une idée nouvelle aurait-t-elle percé une petite ouverture dans sa tête dure ?

Maman réfléchit quelques secondes avant de demander encore :

— Et pourquoi as-tu tellement de chagrin cet après-midi ?

— Je n'aurai plus d'allocation. Michaël va acheter le cadeau tout seul. C'est lui que Gabrielle va aimer. Il vient de me le dire.

Maman rit doucement.

— Tu crois vraiment que monsieur Plein de sous peut acheter l'amour de ta belle ? Voilà pourtant bien une chose qui ne s'achète pas, mon grand. Non, ce n'est pas si facile que ça.

— Justement, c'est trop difficile ! Je n'aime pas ça, l'amour. On ne sait pas comment l'avoir. Et si on l'a, on peut le perdre n'importe quand. À cause de mes folies, j'ai perdu mon meilleur ami. Puis tu as perdu ton amour pour papa. Et il ne pourra même pas le racheter !

Cette fois, maman éclate de rire vraiment.

— Papa n'a rien à regagner, petit comique. Sais-tu quoi ? Madame Parfaite va aller s'excuser tout de suite auprès de

son génial mari. Son idée de t'accorder un allocation était formidable, finalement. Ça t'a peut-être causé des ennuis, mais tu as appris des choses depuis, non ? Et moi aussi, j'ai beaucoup appris.

— Moi aussi, répète-t-elle en se rendant au salon.

Chapitre 8

Le grand jour

Ça y est ! On est mercredi, le dernier jour d'école avant les vacances de Pâques. Les choses vont un peu moins mal. Mes parents sont réconciliés. À partir de la semaine prochaine, je pourrai de nouveau recevoir mon allocation.

Cette semaine, je n'ai pas d'argent. Malgré tout, maman m'a persuadé de tenter ma chance avec Gabrielle. Monsieur Plein de sous lui offre seul son lapin ? Je peux bien, moi, lui écrire seul une lettre extraordinaire.

J'ai dessiné une carte avec, à l'intérieur, ce que je suis trop gêné de dire :

Chère Gabrielle,

Je te souhaite de Joyeuses Pâques, parce que je veux qu'il t'arrive toujours plein de choses joyeuses. Tu deviens encore plus jolie quand tu es contente.

Je ne te connais presque pas, mais tu es la seule fille avec qui je voudrais être tout le temps. Je pourrais rester tranquille pendant des heures, juste à te regarder et à te sourire.

On dirait que c'est de la magie !

Julien Potvin
XXXXX

Il m'a fallu cinq brouillons, à force de changer de mots. J'avais l'impression de me disputer avec moi-même. C'était aussi difficile que d'écrire avec Michaël.

En parlant de lui, rien ne s'est arrangé. On fait semblant de ne plus se voir. Même au soccer ! Pas très pratique pour les passes.

Pourtant, il semble que nos idées s'emboîtent toujours comme des blocs Lego. Ce matin, nous laissons tout le monde entrer en classe avant de nous diriger vers le casier de Gabrielle. Sans même nous en parler, nous avons pris la même décision d'y glisser notre cadeau pour elle ! Sans même nous regarder, je dépose mon enveloppe et lui, un grand sac.

Puis nous courons à nos pupitres.

Là, je comprends soudain qu'il est trop tard pour reculer. Gabrielle va trouver ma carte. Elle va la lire à haute voix dans le corridor. Tout le monde va rire de moi. Lucie Ferland va m'arracher les yeux. Ça VA mal !

Dans cette classe, l'air n'est pas à couper au couteau. On l'a plutôt complètement aspiré. Je me sens comme un poisson dans un bocal vide.

Dès que la cloche de la récré retentit, je me précipite sur la porte. Mais je ne suis pas le seul. Il y a comme un bouchon. Je ne pourrai jamais retirer ma lettre sans être vu.

Non ! Gabrielle est déjà accroupie devant son casier ouvert. Aussi bien fuir dans la cour avant la catastrophe !

Dehors aussi, l'air semble avoir été aspiré. Un peu en retrait, je guette la sortie des autres. Michaël fait de même, à quelques mètres de moi.

Gabrielle apparaît bientôt avec le sac de la pâtisserie *Becs sucrés* et un large sourire. Je me sens fondre sur l'asphalte avec la dernière plaque de neige. Mais…

Incroyable, elle vient vers moi ! Mon cœur fait un super solo de batterie.

—Merci pour la carte, dit-elle. C'est très gentil.

Je ne trouve rien à répondre. Normal, pour un poisson rouge. Elle ouvre son sac. Une oreille du lapin a déjà été croquée. Tiens ! Je ne le trouve pas si gros que ça, finalement.

Toujours avec son sourire merveilleux, Gabrielle me tend la deuxième oreille. Je la casse avec mes doigts et, soudain, j'ai peur qu'elle se soit trompée. J'en retrouve l'usage de la parole :

— Ce n'est pas moi qui…

— Je sais, me coupe-t-elle en me montrant un petit bout de carton.

Il y est écrit : « *De la part de Michaël* ».

— Je me demande pourquoi, ajoute-t-elle.

Je m'en vais lui expliquer, mais je me retiens. Monsieur Plein de sous n'a qu'à venir le faire lui-même. Ce n'est pas de ma faute, s'il n'a pas eu le courage d'écrire une déclaration d'amour. Le courage…

Je repense à celui qu'on devait trouver à deux. Puis je regarde

Michaël, tout seul, un peu plus loin, l'air d'avoir été abandonné sur une île déserte.

En le voyant si triste, j'ai du mal à avaler SON chocolat. Cette fois, je n'arrive pas à retenir mes mots :

— Tu devrais lui en offrir aussi.

— Hon ! c'est vrai, ça ! s'exclame Gabrielle.

Quand elle lui fait signe d'approcher, Michaël s'illumine et il accourt.

Bizarre, il ne sourit pas à Gabrielle. Mais à moi ! Et je sens mon propre sourire qui s'étire à n'en plus finir.

On est amis de nouveau. C'est évident. On se regarde tout contents. Puis on regarde Gabrielle et on se demande quoi dire. C'est à cet instant qu'un ballon bondit à nos pieds.

Je cherche où l'envoyer. Là-bas, notre équipe de soccer nous fait de grands signes.

Pas besoin de mots pour les amis Lego, ils décollent aussitôt ! Ils se font une passe tout en courant. Puis ils se retournent et crient en même temps :

—À plus tard, Gabrielle !

Danielle Simard

Cette histoire, je l'ai construite pendant presque deux ans. Comme un casse-tête dont je découvrais les pièces peu à peu. Le plus fantastique, c'est que plusieurs personnes se sont prises à mon jeu et m'ont aidée. Par exemple, une directrice d'école m'a parlé de son fils. Lui et son ami étaient amoureux de la même fille et ils lui ont écrit une lettre ensemble !

Daniel, mon mari, m'a donné un coup de main, comme toujours. Mon éditeur aussi, bien sûr. Mon fils, surtout (ça, c'est plus rare). Les enfants que j'ai rencontrés dans plusieurs écoles. Et pour finir en beauté, les élèves de Stéphanie Caron qui ont été mes premiers lecteurs et critiques.

Merci à tous !

MA PETITE VACHE A MAL AUX PATTES

1. *C'est parce que...*, de Louis Émond, illustré par Caroline Merola.
2. *Octave et la dent qui fausse*, de Carmen Marois, illustré par Dominique Jolin.
3. *La chèvre de monsieur Potvin*, de Angèle Delaunois, illustré par Philippe Germain, finaliste au Prix M. Christie 1998.
4. *Le bossu de l'île d'Orléans*, une adaptation de Cécile Gagnon, illustré par Bruno St-Aubin.
5. *Les patins d'Ariane*, de Marie-Andrée Boucher Mativat, illustré par Anne Villeneuve.
6. *Le champion du lundi*, écrit et illustré par Danielle Simard.
7. *À l'éco...l...e de monsieur Bardin*, de Pierre Filion, illustré par Stéphane Poulin, Prix Communication-jeunesse 2000.
8. *Rouge Timide*, écrit et illustré par Gilles Tibo, Prix M. Christie 1999.
9. *Fantôme d'un soir*, de Henriette Major, illustré par Philippe Germain.
10. *Ça roule avec Charlotte*, de Dominique Giroux, illustré par Bruno St-Aubin.
11. *Les yeux noirs*, de Gilles Tibo, illustré par Jean Bernèche. Prix M. Christie 2000.
12. *Les mystérieuses créatures* (ce titre est retiré du catalogue).
13. *L'Arbre de Joie*, de Alain M. Bergeron, illustré par Dominique Jolin. Prix Boomerang 2000.
14. *Le retour de monsieur Bardin*, de Pierre Filion, illustré par Stéphane Poulin.

15. *Le sourire volé*, de Gilles Tibo, illustré par Jean Bernèche.
16. *Le démon du mardi*, écrit et illustré par Danielle Simard. Prix Boomerang 2001.
17. *Le petit maudit*, de Gilles Tibo, illustré par Hélène Desputeaux.
18. *La Rose et le Diable*, de Cécile Gagnon, illustré par Anne Villeneuve.
19. *Les trois bonbons de monsieur Magnani*, de Louis Émond, illustré par Stéphane Poulin.
20. *Moi et l'autre*, de Roger Poupart, illustré par Marie-Claude Favreau.
21. *La clé magique*, de Gilles Tibo, illustré par Jean Bernèche.
22. *Un cochon sous les étoiles*, écrit et illustré par Jean Lacombe.
23. *Le chien de Pavel*, de Cécile Gagnon, illustré par Leanne Franson. Finaliste au Prix du Gouverneur général 2001.
24. *Frissons dans la nuit*, de Carole Montreuil, illustré par Bruno St-Aubin.
25. *Le monstre du mercredi*, écrit et illustré par Danielle Simard.
26. *La valise de monsieur Bardin*, de Pierre Filion, illustré par Stéphane Poulin.
27. *Zzzut !* de Alain M. Bergeron, illustré par Sampar. Prix Communication-Jeunesse 2002.
28. *Le bal des chenilles* suivi de *Une bien mauvaise grippe,* de Robert Soulières, illustré par Marie-Claude Favreau.
29. *La petite fille qui ne souriait plus*, de Gilles Tibo, illustré par Marie-Claude Favreau. Finaliste du Prix M. Christie. Prix Odyssée 2002, Prix Asted 2002.

30. *Tofu tout flamme*, de Gaétan Chagnon, illustré par Philippe Germain.
31. *La picote du vendredi soir*, de Nathalie Ferraris, illustré par Paul Roux.
32. *Les vacances de Rodolphe*, de Gilles Tibo, illustré par Jean Bernèche.
33. *L'histoire de Louis Braille*, de Danielle Vaillancourt, illustré par Francis Back.
34. *Mineurs et vaccinés*, de Alain M. Bergeron, illustré par Sampar.
35. *Célestin et Rosalie*, de Cécile Gagnon, illustré par Stéphane Jorisch.
36. *Le soufflé de mon père*, d'Alain Raimbault, illustré par Daniel Dumont.
37. *Beauté monstre*, de Carmen Marois, illustré par Anne Villeneuve.
38. *Plume, papier, oiseau*, de Maryse Choinière, illustré par Geneviève Côté.
39. *Gustave et Attila*, de Marie-Andrée Mativat, illustré par Pascale Bourguignon.
40. *Le trésor d'Archibald*, de Carmen Marois, illustré par Anne Villeneuve.
41. *Joyeux Noël monsieur Bardin !* de Pierre Filion, illustré par Stéphane Poulin.
42. *J'ai vendu ma sœur*, écrit et illustré par Danielle Simard.
43. *Les vrais livres*, de Daniel Laverdure, illustré par Paul Roux.
44. *Une flèche pour Cupidon*, de Linda Brousseau, illustré par Marie-Claude Favreau.
45. *Guillaume et la nuit*, de Gilles Tibo, illustré par Daniel Sylvestre.
46. *Les petites folies du jeudi*, écrit et illustré par Danielle Simard.

PROTÉGEONS
NOS FORÊTS

Ce livre a été imprimé sur du papier Sylva enviro 100 % recyclé, traité sans chlore, accrédité Éco-Logo et fait à partir d'énergie biogaz.

Achevé d'imprimer
sur les presses de Marquis Imprimeur
en mars 2007